W0183906

Stadtbibliothek Chemnitz
Stadtbibliothek
ungültig
Chemnitz
seit 1869

Weihnachtlich falten

Was wäre die Vorweihnachtszeit ohne Basteln? Was wäre Basteln ohne Papier? Aus modernen wie traditionellen Papieren entstehen durch nur zwei Grundtechniken faszinierende Modelle. Dekorative Fenstersterne, festlicher Christbaumschmuck, stimmungsvolle Tischlichter und vieles mehr laden ein zu kreativen Stunden an langen Winterabenden.

Ich wünsche Ihnen viel Freude dabei.

Ihre

Margarete Vogelbacher

ALLGEMEINE WERKZEUGE UND HILFSMITTEL, DIE SIE ZUR HAND HABEN SOLLTEN

- Bleistift
- Schere
- Cutter mit Schneideunterlage
- Kreisschneider (Zirkel)
- Geo-Dreieck
- Prägestift, Stricknadel bzw. Messerrücken
- kleine Zange
- Nadel
- Schaschlikstäbchen
- UHU extra
- dünne Filzstifte oder Permanentmarker in Schwarz und Rot

Hinweis: Bitte keine wasserlöslichen Klebstoffe verwenden, da sie die Papiere wellen.

MATERIALIEN

- Transparentpapier (extrastark, 115 g/m²) und Tonpapier in verschiedenen Farben und Mustern, Tonpapier für die Basisanleitungen
- Glasteelichter
- verschiedene Perlen
- Nähfaden in Silber

Genaue Materialangaben sind bei den einzelnen Modellen angegeben.

Tipps und Tricks

- Bitte lesen Sie die Beschreibungen aufmerksam und falten Sie möglichst genau, um beste Ergebnisse zu erzielen.

- Bitte beachten Sie unbedingt die mm-Angaben bei den einzelnen Beschreibungen, da sich sonst die Formen so verändern können, dass sie nicht mehr zusammenpassen.

- Grundlage für alle Modelle sind die Basisanleitungen. Sie sind leicht zu lernen und schnell nachzufalten, sollten aber etwas geübt werden, damit die Falten später gleichmäßig ausfallen.

- Bei den Zuschnittgrößen sind immer die Durchmesser angegeben. Für die Einstellungen des Kreisschneiders bzw. Zirkels den halben Durchmesser, also den Radius verwenden.

- Streichen Sie die Falzkanten fest, aber behutsam glatt. Bei zu starkem Druck und durch häufiges Hin- und Herfalten kann das Papier brechen.

- Transparentpapiere (extrastark, 115 g/m²) gibt es in verschiedenen Farben und Mustern in Bastel- sowie oft auch in Schreibwarengeschäften. Meistens wird es in Rollen, 50 cm x 70 cm groß, angeboten, manchmal in der Größe A4. Normales Transparentpapier ist zu dünn und eignet sich daher nicht für diese Modelle.

- Falls ein schwieriges Modell einmal nicht so gut gelingt, kann man daraus auch sehr schöne, einfache Sterne herstellen.

Achtung: Brennende Teelichter nicht unbeaufsichtigt lassen, Brandgefahr!

MATERIAL

- Kreis aus Tonpapier, ø 16 cm

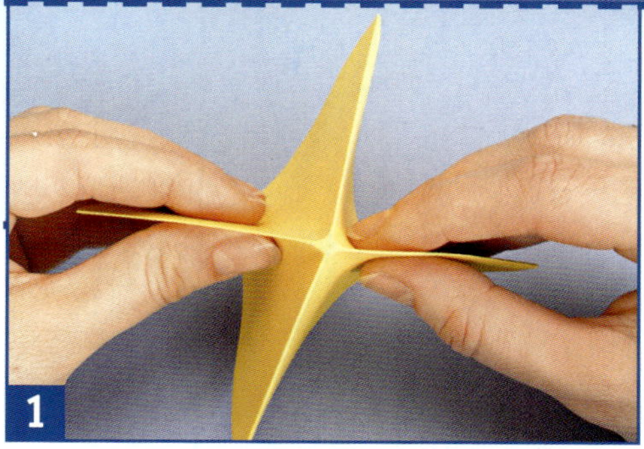

Basisanleitung 1

Wichtig: Bei Papieren mit Vorder- und Rückseite muss die Papiervorderseite nach der Faltung immer innen liegen.

Kreisfaltung

1 Den Kreis in der Mitte falten. Die Faltung öffnen, quer zum Falz noch einmal falten und wieder öffnen. Zwei gegenüberliegende Falten fassen und die Figur zusammenschieben.

2 Die Figur auf die Arbeitsfläche legen und je zwei Falzkanten genau aufeinander legen. Die Mitte der Figur flach drücken und glatt streichen. Den Vorgang zur anderen Seite wiederholen. Es sind vier Flügel entstanden.

3 Einen der beiden oberen Flügel zunächst senkrecht stellen, dann öffnen und flach drücken. Bei diesem Vorgang sollten Sie darauf achten, dass alle in der Mitte liegenden Falzkanten genau neben- bzw. übereinander sind. Die Flügelspitze öffnet sich leichter, wenn man ein Schaschlikstäbchen behutsam hineinschiebt.

4 Die Figur umdrehen und den Vorgang wiederholen. Den rechten kleinen Flügel nach links klappen. Die Figur umdrehen und wieder den rechten Flügel nach links klappen.

5

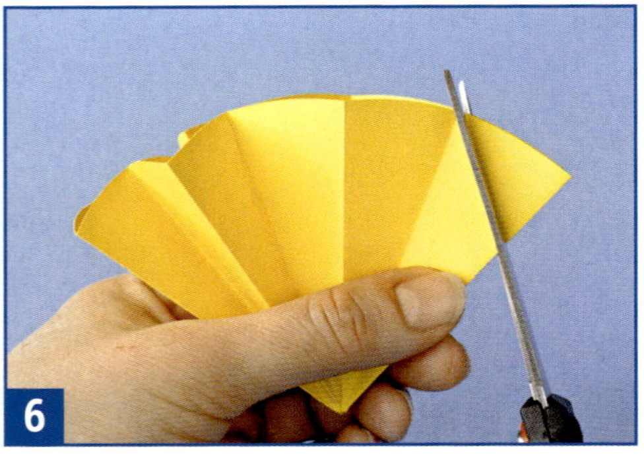
6

7

8

5 Mit den restlichen großen Flügeln genauso verfahren. Dabei ebenfalls eine der jeweils neu entstandenen kleinen Falten auf die gegenüberliegende Seite klappen. Der Kreis hat nun acht Falten.

Um den Kreis in 16 Falten zu legen, die Schritte 3 bis 5 sinngemäß wiederholen.

Hinweis: Bei der Weiterverarbeitung wird von der Spitze (= Mitte des Kreises) je nach Modell ein unterschiedlich großes Stück abgeschnitten. Außerdem wird das Teil bei einigen Modellen gewendet, d.h. das Innere kommt nach außen. Bitte die Hinweise und Maßangaben bei den einzelnen Beschreibungen genau beachten.

ZACKENSCHRÄGE (ZS.) UND MUSTER SCHNEIDEN

Beispiel mit einer ZS. von 2 cm

6 Bei einer Falte 2 cm unterhalb vom Rand einen geraden Schnitt bis zum nächsten Falzende ausführen.

7 Die nächste Falte von hinten an die geschnittene Falte anlegen und genauso zuschneiden. Dabei immer nur die zuletzt geschnittene Falte als Vorlage für die nächste nehmen.

8 Den entstandenen Stern wenden. Das Muster entsprechend der Vorlage auf eine Falte aufzeichnen und schneiden. Anschließend wie bei Schritt 7 beschrieben weiterarbeiten.

Wichtig: Diese Vorgänge sollten etwas geübt werden, damit die Zacken und Muster gleichmäßig werden. Das ist besonders wichtig bei zusammengesetzten Modellen.

MATERIAL

- Tonpapier, A5

Basisanleitung 2

Fächerfaltung

1 Das Papier gemäß Abb. 1 vor sich legen. Die Kante einer schmalen Seite mit einem Punkt markieren (wenn das System klar ist, braucht man keine Markierung mehr). Die untere (markierte) Kante an die obere Kante legen, die Mittelfalte falzen, wieder öffnen. Die untere (markierte) Kante an die Mittelfalte anlegen, falzen, wieder öffnen, das Blatt um 180° drehen. Die untere (nicht markierte) Kante an die Mittelfalte anlegen, falzen, wieder öffnen.

2 Die untere (nicht markierte) Kante an die unterste Falte anlegen, falzen, öffnen, dann an die oberste Falte anlegen, falzen, öffnen. Das Papier um 180° drehen. Die untere (markierte) Kante an die unterste Falte anlegen, falzen, öffnen, dann an die zweite Falte von oben anlegen, falzen, öffnen. Das Papier wenden. Nach dem Wenden werden die bis jetzt gefertigten Falten im folgenden als „Berg-Falten“ bezeichnet.

3 Die untere Kante an die unterste Berg-Falte anlegen, aber nicht mehr öffnen (1. Tal-Falte entsteht). Die erste Berg-Falte und die untere Kante zusammenfassen, an die nächste Berg-Falte anlegen und die zweite Tal-Falte falzen.

4 Nach diesem System weiterfalten. Das Blatt ist nun in acht gleichmäßige Falten gelegt. Um ein Rechteck in 16 bzw. 32 Falten zu legen wird Schritt 2 sinngemäß wiederholt. Schritt 3 bildet immer den Abschluss.

Tipp: Eine Tischkante oder die Kante einer Arbeitsplatte, die von unten gegen die jeweils zu fassende Berg-Falte drückt, kann sehr hilfreich sein.

1

2

3

4

Hellblaues Teelicht

→ aus edlem Transparentpapier

VORAUSSETZUNG
Basisanleitung 1

MATERIAL

- Tonpapier in Weiß, 50 cm x 70 cm
- Transparentpapier extrastark mit Ornamentmuster in Hellblau, 50 cm x 70 cm
- Glasteelicht

ZUSCHNITT

- je 1 Kreis aus Tonpapier und aus Transparentpapier, ø 21 cm und 24 cm

VORLAGEN
S. 32: A, E + G

1 Alle Kreise gemäß Basisanleitung 1 falten und wenden.

2 An den kleineren Kreisen eine ZS. von je 3 cm, an den größeren Kreisen eine ZS. von je 4 cm schneiden. Es sind vier Sterne entstanden.

3 Die weißen Sterne wieder wenden und gemäß Vorlage A und E das Muster schneiden.

4 Die Sterne flach ausbreiten, so dass der Mittelfalz der Zacken als Tal-Falte liegt. Die kleine Achteck-Schablone auflegen (Tal-Faltenmarkierungen beachten) und mit dem Prägestift die Umrisse auf das Papier übertragen.

5 Die weißen Sterne auf die Transparentsterne kleben und kurze Zeit trocknen lassen.

6 Dann die Zacken am geprägten Achteck entlang senkrecht nach oben drücken (siehe Abb.).

7 Den kleinen Stern versetzt in den größeren kleben und das Teelicht einsetzen.

Sternen-Mobile

→ traumhaft schön

VORAUS-SETZUNG
Basisanleitung 1

MATERIAL
- Transparentpapier extrastark mit Sternenmuster in Orange, 2 x 50 cm x 61 cm
- Tonpapier in Silber glänzend, 30 cm x 50 cm
- Aluminium-Draht, ø 2 mm

ZUSCHNITT
- 2 Kreise aus Transparentpapier, ø 25 cm
- 4 Kreise aus Transparentpapier, ø 20 cm
- 2 Kreise aus Tonpapier, ø 24 cm
- 4 Kreise aus Tonpapier, ø 6 cm

VORLAGEN S. 32: E

1 Alle Kreise aus Transparentpapier gemäß Basisanleitung 1 falten. Von den Spitzen jeweils 2 mm abschneiden.

2 Die großen Teile flach ausbreiten, sodass die Papierrückseite zu sehen ist. Die Berg-Falten 5 cm vom Rand entfernt markieren und die ZS. von den Markierungen bis zum Ende der benachbarten Tal-Falten prägen. 1 cm breite Klebelaschen stehen lassen, den Rest abschneiden. Die Klebelaschen zur Spitze hin etwas abschrägen (Abb. 1).

3 Die markierten Falten bis zur Markierung einschneiden, die Klebelaschen zur Papierrückseite falten und wieder etwas öffnen (Abb. 1). An beiden Sternen die Klebelaschen zwischen zwei Zackenspitzen mit UHU extra einstreichen und aneinander kleben (Abb. 2). Auf diese Weise die Sterne nach und nach zusammenfügen.

Abb. 1

Dabei in eine Zacke ein Stück silberfarbenen Nähfaden einlegen, ein Ende verknoten.

4 Die Berg-Falten der kleineren Teile bei 4 cm markieren, die Klebelaschen 6 mm breit lassen und die Sterne entsprechend herstellen.

5 Dann alle silbernen Kreise gemäß Basisanleitung 1 falten. Bei den großen Teilen von der Spitze 2 mm, bei den kleinen 1 mm abschneiden. Nicht wenden. Bei den großen Teilen eine ZS. von 5 cm schneiden, dann wenden und gemäß Vorlage E das Muster einschneiden. Die Sterne mit UHU extra auf die Vorder- und Rückseite des großen Transparentsterns kleben.

6 Vier kleine silberne Sterne mit ZS. 1,5 cm schneiden und auf die Mitte der kleineren Transparentsterne (Vorder- und Rückseite) kleben.

Abb. 2

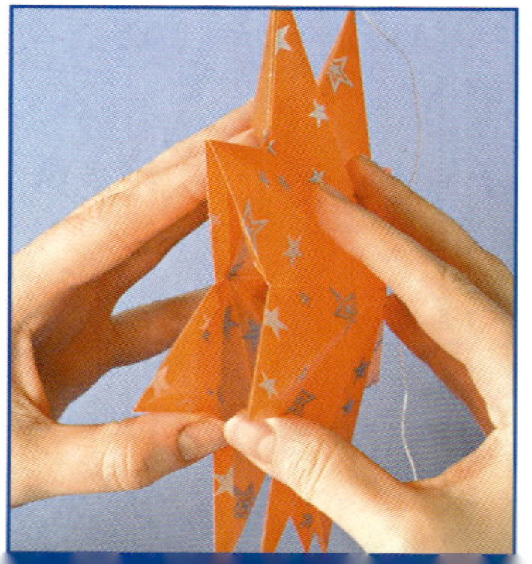

Von den Muster-Abschnitten der großen Silbersterne ca. 8 mm breite Zackenstreifen abschneiden und auf die Vorderseite der kleineren Transparentsterne aufkleben. Aus den Resten der Musterabschnitte Rahmen schneiden und auf die Rückseite kleben.

7 Zwei Aluminium-Drahtstücke, 20 cm lang, sowie ein Stück, 25 cm lang, mithilfe einer kleinen Zange in S-Form biegen und an den silberfarbenen Nähfäden befestigen. Oben und unten mit Knoten sichern. Ein 70 cm langes Drahtstück an beiden Enden spiralförmig biegen und in der Mitte zu einem Bogen formen. Die Sterne wie abgebildet am Drahtbügel befestigen.

Tannenbäume

→ verträumter Winterwald

VORAUS-SETZUNG
Basisanleitung 1

MATERIAL GROSSER UND KLEINER BAUM

- Transparentpapier extrastark mit Sternenmuster in Grün bzw. Weiß, 50 cm x 61 cm
- 2 Wachsperlen in Weiß, ø 8 mm
- Silberdraht, ø 0,6 mm

ZUSCHNITT GROSSER BAUM

- je 1 Kreis in Weiß bzw. Grün, ø 18 cm, 24 cm und 30 cm

ZUSCHNITT KLEINER BAUM

- je 1 Kreis in Weiß bzw. Grün, ø 18 cm und 24 cm

1 Alle Kreise gemäß Basisanleitung 1 falten. Von der Spitze jeweils 2 mm abschneiden und die Teile wenden.

2 Die Falten jeweils nach beiden Seiten gleichmäßig verteilen. Die Teile flach ablegen und mit dem Cutter die Rundungen begradigen.

3 Die Falzkanten der Innenseiten mit UHU extra einstreichen und die Teile der Größe nach übereinander kleben.

4 Für einen Baum je zwei Silbersterne aus demselben Papier ausschneiden und zusammenkleben. Dabei das Ende eines 4 cm langen Stückes Silberdraht dazwischen befestigen. Auf den Silberdraht eine Wachsperle stecken. Auf die Baumspitze einen Tropfen UHU extra setzen, den Silberdraht durch die Spitze schieben und die Wachsperle an der Spitze festkleben.

Hinweis: Ein Bogen Transparentpapier reicht für einen großen und einen kleinen Baum.

Engelsschar

→ frohe Himmelsboten

VORAUSSETZUNG
Basisanleitung 1

MATERIAL

- Tonpapier mit Sternenmuster in Weiß, 35 cm x 50 cm
- Tonpapier in Gold matt, 35 cm x 50 cm
- 3 Rohholzperlen, ø 2 cm (Bohrung: ø 4 mm)
- Holzstab, ø 4 mm, 21 cm lang
- Acrylfarbe in Hautfarbe
- Engelshaar

ZUSCHNITT FÜR EINEN GRÖSSEREN ENGEL

- je 1 Kreis aus Tonpapier mit Sternenmuster und Tonpapier in Gold matt, ø 18 cm

ZUSCHNITT FÜR DEN KLEINEN ENGEL

- je 1 Kreis aus Tonpapier mit Sternenmuster und Tonpapier in Gold matt, ø 16 cm

VORLAGE S. 32: B

1 Den Holzstab in 7 cm lange Stücke teilen und in die Bohrung der Rohholzperlen kleben. Diese mit Acrylfarbe bemalen.

2 Die Gesichter wie abgebildet aufmalen und das Engelshaar aufkleben. Aus dem Sternchen-Tonpapier kleine Sterne ausschneiden. Aus dem goldfarbenen Tonpapier schmale Streifen in den Größen 2 cm x 4 mm und 4 cm x 3 mm zuschneiden. Die Sternchen auf die Streifen kleben und als Kopfschmuck befestigen. Der kleine Engel trägt einen Heiligenschein (ø 2,6 cm, Rand: 3 mm breit).

3 Aus dem Kreis aus goldfarbenem Tonpapier (ø 18 cm) einen weiteren Kreis (ø 16 cm) schneiden. Den entstandenen Rahmen auf den Kreis aus Sternchen-Tonpapier kleben und trocknen lassen.

4 Den goldfarbenen Kreis gemäß Basisanleitung 1 in 16 Falten legen und in vier gleiche Teile schneiden. Für die Ärmel zwei Teile von der breiteren Seite her auf 4,5 cm (für den kleineren Engel auf 4 cm) kürzen und die einzelnen Falten zusammenkleben. Für die Flügel die restlichen zwei Teile auf 5 cm kürzen, flach ausbreiten und nach Vorlage B die Flügel (gegengleich) zuschneiden.

5 Den Kreis mit dem Goldrahmen ebenfalls in 16 Falten legen, von der Spitze 2 mm abschneiden, wenden und die Falten nochmals eng zusammendrücken. Den Rock etwas unterhalb des Kopfes am Holzstab festkleben.

6 Einen Tonpapierstreifen in Gold (2 cm x 5 mm) als Kragen um das obere Rockende kleben, schräg überlappen lassen und einen Goldstern aufkleben. Die Ärmel von vorne, die Flügel von hinten wie abgebildet befestigen.

Silbersterne

→ zeitlos elegant

VORAUSSETZUNG
Basisanleitung 1

MATERIAL PRO STERN

- Tonpapier in Silber glänzend, 2 x A4
- Alu-Bastelfolie mit Sternenmuster in Silber, A4
- Alu-Bastelfolie in Silber, A4

ZUSCHNITT

- je 2 Kreise aus Tonpapier, ø 20 cm
- je 2 Kreise aus Alu-Bastelfolie mit Sternenmuster, ø 12 cm bzw. 10 cm
- je 2 Kreise aus Alu-Bastelfolie, ø 11 cm bzw. 8 cm

1 Die Kreise aus Tonpapier gemäß Basisanleitung 1 falten. Von den Spitzen je 4 mm abschneiden.

2 Die Teile flach ausbreiten, sodass nun die Seite, die nach dem Falten außen war, zu sehen ist. Die Berg-Falten jeweils 4 cm und 4 mm vom Rand entfernt markieren. Die ZS. von den 4 cm-Markierungen bis zum Ende der benachbarten Tal-Falten prägen. Bei den 4 mm-Markierungen eine ZS. schneiden.

3 Die markierten Berg-Falten bis zur Markierung einschneiden, die entstandenen Klebelaschen entsprechend der Prägung falten (Abb. 1). Die Klebelaschen so übereinander kleben, dass die Kante der Klebelasche genau am Falz der ZS. liegt (Abb. 2). In eine der Zacken den silberfarbenen Faden legen (ein Ende verknoten). Die beiden Sterne aneinander kleben.

4 Die Kreise aus Alu-Bastelfolie und Alu-Bastelfolie mit Sternenmuster falten, von den Spitzen jeweils 1 mm abschneiden, nicht wenden und die ZS. wie folgt schneiden. Bei ø 12 cm, 11 cm und 10 cm: ZS. 2 cm, bei ø 8 cm: ZS. 1 cm.

5 Die Sterne aus den Alu-Bastelfolien wie abgebildet auf die Tonpapier-Sterne aufkleben.

Abb. 1

Abb. 2

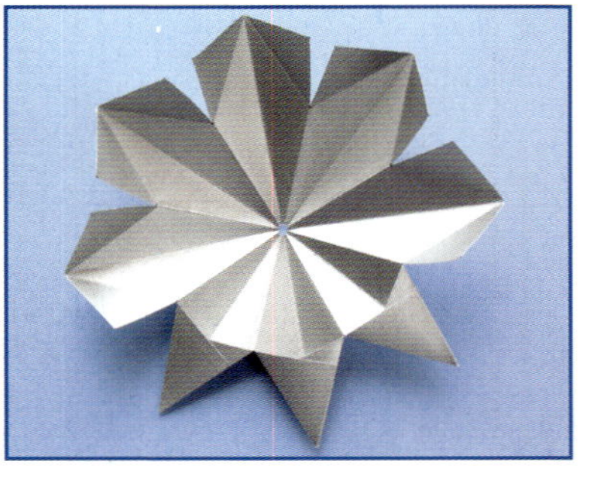

Transparente Sterne

→ edel

VORAUS-SETZUNG
Basisanleitung 1

MATERIAL PRO STERN

- Transparentpapier extrastark mit Ornamentmuster in Silber, 2 x A4
- Tonpapier in Weiß, 2 x A4
- Alu-Bastelfolie in Silber, A4
- Fotokarton in Weiß, 20 cm x 20 cm

ZUSCHNITT

- je 1 Kreis aus Transparentpapier und Tonpapier, ø 20 cm und 13 cm
- je 1 Kreis aus Alu-Bastelfolie, ø 13 cm und 6 cm

1 Alle Kreise gemäß Basisanleitung 1 falten.

2 Bei den Teilen mit ø 20 cm von den Spitzen je 4 mm abschneiden, bei den Teilen mit ø 13 cm von den Spitzen je 2 mm abschneiden. Bei dem Teil mit ø 6 cm von der Spitze 1 mm abschneiden.

3 Bei dem weißen Teil mit ø 20 cm eine ZS. von 4 cm schneiden, bei dem weißen und silbernen Teil mit ø 13 cm eine ZS. von jeweils 2,5 cm schneiden. Bei dem kleinen Teil mit ø 6 cm eine ZS. von 1 cm schneiden.

4 Das große Teil aus Transparentpapier flach ausbreiten, sodass die Papierrückseite zu sehen ist. Die Berg-Falten jeweils 4 cm und 4 mm vom Rand entfernt markieren. Von den 4 cm-Markierungen aus die ZS. bis zum Ende der benachbarten Tal-Falten prägen. Dann von den 4 mm-Markierungen aus eine ZS. schneiden.

5 Die markierten Berg-Falten bis zu den Markierungen einschneiden und die entstandenen Klebelaschen zur Papierrückseite falten. Dabei den großen weißen Stern in den Transparent-Stern legen. Die Klebelaschen so übereinander kleben, dass die Kante der Klebelasche genau am Falz der ZS. liegt (siehe auch Seite 14, Abb. 1 und 2). In eine der Zacken den silberfarbenen Faden legen und ein Ende verknoten.

6 Das kleine Teil aus Transparentpapier flach ausbreiten, sodass die Papierrückseite zu sehen ist. Die Berg-Falten 2,5 cm vom Rand entfernt markieren. Nun wie bei dem großen Teil die ZS. prägen. 5 mm als Klebelasche stehen lassen, den Rest abschneiden. Die markierten Berg-Falten bis zur Markierung einschneiden und die Klebelaschen zur Zackenspitze hin noch etwas abschrägen (siehe auch Seite 8, Abb. 1). Den kleinen weißen Stern einlegen, die Klebelaschen zur Rückseite des Sterns falten und festkleben.

7 Die silbernen Sterne auf die gemusterten Sterne kleben, dann den kleineren Stern versetzt auf den größeren kleben.

8 Den Stern auf den weißen Fotokarton legen und die Umrisse abzeichnen. Ausschneiden und auf die Rückseite des Ornamentsterns kleben.

Tipp: Kleben Sie zwei gleiche Sterne zusammen und hängen diese frei auf. Sie können aber auch einen einzelnen Stern als Wandschmuck verwenden.

Zweifarbige Perlen-Lichtschalen

→ verbreiten festliche Stimmung

VORAUSSETZUNG
Basisanleitung 1

MATERIAL PRO SCHALE

- Tonpapier in Rot bzw. Grün, 26 cm x 26 cm
- Alu-Bastelfolie mit Sternenmuster in Gold, 20 cm x 20 cm
- 8 Wachsperlen in Gold, ø 6 mm
- Teelicht, ø 6 cm oder kleiner

ZUSCHNITT

- Kreis in Rot bzw. Grün, ø 25 cm
- Kreis in Gold, ø 19 cm

VORLAGE S. 32: F

1 Alle Kreise gemäß Basisanleitung 1 falten.

2 Das rote bzw. grüne Teil nicht wenden, die ZS. bei 2,9 cm schneiden. Den Stern ausbreiten, so dass der Mittelfalz der Zacken als Tal-Falte liegt. Die Zacken so weit wie möglich zur Mitte hin falten und wieder öffnen. Den Mittelfalz der Zacken bis zum Querfalz einschneiden. Das Teil wenden, die große Achteck-Schablone auflegen (Tal-Faltenmarkierungen beachten!) und die Umrisse mit dem Prägestift prägen. An der geprägten Linie entlang die Falten nach oben biegen (siehe Punkt 4 und Abb.).

3 Das goldene Teil ausgebreitet so hinlegen, dass die Papiervorderseite zu sehen ist. Die Rundungen von Tal-Falte zu Tal-Falte mit dem Cutter begradigen, sodass ein Achteck entsteht. Achtung! Das Teil nicht versehentlich wenden! Die Schablone auflegen (Tal-Faltenmarkierungen beachten!) und die Umrisse prägen.

4 Die goldenen Teile entsprechend den Falten und der Prägung auf die bunten Teile kleben (evtl. vorher korrigieren, die goldenen Teile sollten etwas kleiner sein als das Achteck der Zacken-Querfalten). Die Teile an den Prägelinien entlang senkrecht nach oben biegen (siehe Abb.). Die beiden Dreiecke einer Zacke übereinander kleben. Die Perlen wie abgebildet aufkleben.

5 Das Teelicht einsetzen.

Dose in Weiß-Gold

→ dekoratives Schmuckstück

VORAUSSETZUNG
Basisanleitung 1

MATERIAL
- Spandose, ø 12 cm
- Acrylfarbe in Weiß
- Transparentpapier extrastark mit Ornamentmuster in Gold, A4
- Tonpapier in Weiß und Gold matt, jeweils A4
- Wachsperle in Weiß, ø 8 mm
- je 8 Wachsperlen in Gold, ø 4 mm und 3 mm

ZUSCHNITT
- je 1 Kreis aus Transparentpapier mit Ornamentmuster und Tonpapier in Weiß, ø 12 cm
- Kreis aus Tonpapier in Gold matt, ø 8 cm
- Rahmen aus Tonpapier in Gold matt, ø 11,8 cm, 4 mm breit
- Streifen aus Tonpapier in Gold matt, 5 mm breit, 39 cm lang

1 Die Dose mit Acrylfarbe bemalen.

2 Den weißen Kreis gemäß Basisanleitung 1 falten. Von der Spitze 2 mm abschneiden und wenden. Die Falten gleichmäßig nach beiden Seiten verteilen, das Teil flach ablegen und mit dem Cutter die Rundungen begradigen.

3 Das Teil öffnen, nicht mehr wenden, dann zur Hälfte falten und ablegen. Die rechts liegende Zacke so falten, dass die Kante an der nächsten Tal-Falte liegt und wieder öffnen. Dieselbe Zacke noch einmal falten, sodass ein Parallelfalz entsteht (siehe Abb.) und wieder öffnen. Alle Zacken entsprechend bearbeiten. Anschließend den großen Falz nach hinten und den kleinen nach vorne drücken. Alle Kreise entsprechend falten.

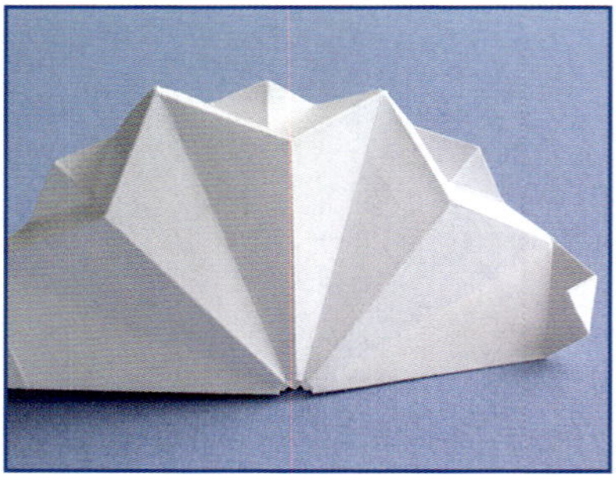

4 Den transparenten Stern auf den großen weißen Stern kleben, dabei nur um die Mitte UHU extra auftragen. Dann den goldenen Stern aufkleben. Den transparenten und goldfarbenen Stern wie abgebildet mit den Perlen verzieren.

5 Den goldenen Randstreifen und den Rahmen aufkleben und den fertigen Zierstern auf dem Dosendeckel befestigen.

Große Fenstersterne

→ mit Beleuchtung

VORAUSSETZUNG
Basisanleitung 1

MATERIAL PRO STERN
- Transparentpapier extrastark mit Sternenmuster in Blau bzw. Orange, 2 x 50 cm x 61 cm
- Kabelzuleitung für Hängelampe, Fassung E 14
- Kupferdraht in Gold, ø 0,3 mm

ZUSCHNITT
- je 2 Kreise in Blau bzw. Orange, ø 48 cm und 10 cm

1 Beide großen Kreise gemäß Basisanleitung 1 falten und von der Spitze 2 mm abschneiden.

2 Die Falten auseinanderziehen und die Teile flach ausbreiten, sodass die Papierrückseite zu sehen ist. Die Berg-Falten 8,5 cm vom Rand entfernt markieren. Von den Markierungen aus die ZS. bis zum Ende der benachbarten Tal-Falten prägen. 1 cm als Klebelaschen stehen lassen, den Rest abschneiden. Die Klebelaschen zu den Zackenspitzen hin abschrägen (siehe auch Seite 8, Abb. 1). Die markierten Berg-Falten bis zu den Markierungen einschneiden, die Klebelaschen zur Papierrückseite hin falten und wieder etwas öffnen.

3 An beiden Sternen die Klebelaschen zwischen zwei Zackenspitzen mit UHU extra einstreichen und aneinander kleben (siehe auch Seite 8, Abb. 2). Auf diese Weise die Sterne nach und nach zusammenfügen. Achtung: Die Klebelaschen zwischen zwei Zackenspitzen einmal nicht zusammenkleben! Diese Stelle dient als Öffnung für die Kabelzuleitung.

4 Aus den Zackenabschnitten und den Papierresten wie abgebildet Rhomben schneiden. Die kleinen Kreise gemäß Basisanleitung 1 falten, nicht wenden. Von der Spitze 1 mm abschneiden und eine ZS. von 1,5 cm schneiden. Den großen Stern mit den kleinen Sternen und den Rhomben verzieren.

5 Die Lampenfassung durch die Öffnung stecken. An der Vorder- und Rückseite des Sterns seitlich der Tal-Falten und des Kabels mit einer Nadel Löcher stechen und mit einem 10 cm langen Stück Golddraht die Öffnung schließen.

Tipp: Falls Sie keine Kabelzuleitung mit Fassung zur Hand haben: Die großen Sterne sind auch unbeleuchtet in jedem Fenster ein Blickfang!

Sternenlichter

→ stimmungsvoll

VORAUS-SETZUNG
Basisanleitung 1+ 2

MATERIAL
- Tonpapier mit Sternenmuster (vorne große Sterne, hinten kleine Sterne) in Blau und Weiß, 50 cm x 70 cm
- Tonpapier in Gold matt, A4
- Fotokarton in Blau und Weiß, 11 cm x 11 cm
- 2 Glasteelichter

ZUSCHNITT
- je 1 Rechteck aus Tonpapier mit Sternenmuster, 60 cm x 6 cm und 6 cm x 3,7 cm
- je 1 Kreis aus Tonpapier mit Sternenmuster und Tonpapier in Gold matt, ø 13 cm
- je 1 Rahmen aus Tonpapier in Gold matt, ø außen 5,8 cm, innen 4,6 cm
- je 1 Kreis aus Fotokarton in Weiß bzw. Blau, ø 10 cm

1 Das Rechteck gemäß Basisanleitung 2 in 16 Falten legen. Das Faltenband so hinlegen, dass die Papiervorderseite zu sehen ist (hier die Seite mit den größeren Sternen) und die Falten quer verlaufen. Die erste Falte hochziehen und zusammengeklappt nach oben ablegen. Die rechte, obere Ecke der zusammengeklappten Falte im Winkel von 45° nach unten klappen (Abb. 1), falzen und wieder öffnen. Die Falte aufklappen und flach ablegen. Mit allen nachfolgenden Falten genauso verfahren. Die einzelnen Falten etwas hochziehen und das Dreieck des Kantenknicks nach hinten falten.

2 Damit die Anzahl von 16 Falten bestehen bleibt, aus dem kleinen Rechteck (6 cm x 3,7 cm) eine dem Faltenband entsprechende Falte herstellen und damit Anfang und Ende des Faltenbandes verbinden. Es entsteht nun eine Papierröhre.

3 In der Mitte des Kreises aus Fotokarton eine kreisförmige Markierung von ø 4,6 cm anbringen. Die Markierung orientiert sich am Durchmesser des Glasteelichts. Das geschlossene Faltenband flach ausgebreitet um die Markierung herum auf den Fotokarton kleben.

4 Die beiden Kreise aus Sternen-Tonpapier und goldfarbenem Tonpapier gemäß Basisanleitung 1 in acht Falten legen (die Seite mit den kleinen Sternen liegt dann innen), wenden und jeweils eine ZS. von 2 cm schneiden. Von der Spitze des Sternen-Tonpapiers 2,3 cm abschneiden. Von dem goldenen Stern einen 6 mm breiten Rahmen abschneiden (Abb. 2) und auf den blauen bzw. weißen Stern kleben.

5 Den Stern auf das Faltenband und den runden Goldrahmen auf die Mitte kleben. Das Glasteelicht einsetzen.

Abb. 1

Abb. 2

Stattlicher Weihnachtsmann

→ mit Rauschebart und rotem Mäntelchen

VORAUSSETZUNG
Basisanleitung 1

MATERIAL
- Tonpapier mit Sternenmuster in Rot, 50 cm x 70 cm
- Rohholzkugel, ø 4 cm
- halbierte Holzkugel in Rot, ø 6 mm
- Wattekugel, ø 1,5 cm
- Acrylfarbe in Hautfarbe
- Engelshaar
- Plüschborte in Weiß, 1 cm breit, 1,50 m lang
- Watte

ZUSCHNITT
- Kreis, ø 40 cm
- 2 Rechtecke, je 7 cm x 3 cm

1 Die Rohholzkugel mit Acrylfarbe bemalen. Als Nase die halbierte, rote Holzkugel aufkleben. Mit dünnen Filzstiften oder Permanentmarkern Augen und Mund aufmalen. Augenbrauen und Schnurrbart aus Watte formen und aufkleben. Für die Haare und den Bart Engelshaar verwenden.

2 Den Kreis gemäß Basisanleitung 1 in 16 Falten legen. Von der Spitze 4 cm abschneiden und den Kreis wenden.

3 Die Falten des Mantels von der Rückseite um die Mitte herum mit Klebstoff einstreichen, eng zusammendrücken und kurze Zeit halten. Den Kopf oben festkleben. Den Spitzenabschnitt als Mütze aufkleben.

4 Die Mütze und den Rock mit der Plüschborte verzieren. Aus dem Rest Tonpapier einen Stern ausschneiden und als Verzierung auf den Kragen kleben. Für den Mützen-Bommel ein kleines Stück Plüschborte zu einer Kugel formen und zusammenkleben.

5 Für die Ärmel die beiden Rechtecke jeweils an einer Seite auf 4 cm Länge abschrägen. Die Wattekugel halbieren und als Handschuhe an die geraden Breitseiten kleben. Die Ärmel auf der Vorder- und Rückseite mit Plüschborte verzieren und mit der abgeschrägten Seite zwischen zwei Falten an die Seiten des Mantels kleben.

Festlicher Christbaumschmuck

→ sehr wirkungsvoll

Anhänger in Silber-Lila

1 Beide Kreise gemäß Basisanleitung 1 falten (bei gleichseitigem Papier eine Seite als Rückseite markieren). Von der Spitze jeweils 1 mm abschneiden. Beide Kreise wenden und eine ZS. von je 1 cm schneiden.

2 Das silberne Teil noch einmal wenden und das Muster gemäß Vorlage C einschneiden. Die beiden Teile aufeinander kleben (siehe Abb.). Überstehende Ränder evtl. abschneiden.

3 Ein Stück silberfarbenen Nähfaden verknoten, von der Rückseite des Teils durch das Loch in der Mitte ziehen und auf der Rückseite festkleben.

4 Die Rückseite des Teils mit Klebstoff einstreichen und die Falten zusammenkleben.

5 Eine Wachsperle auf den Faden ziehen und eine Schlaufe als Aufhängung knoten.

Fassetten-Anhänger in Kupfer-Silber bzw. Lila-Silber

1 Alle Kreise gemäß Basisanleitung 1 falten (bei gleichseitigen Papieren eine Seite als Rückseite markieren) und anschließend von der Spitze 1 mm abschneiden. Die kupferfarbenen Teile sowie ein silberfarbenes wenden und jeweils eine ZS. von 1,5 cm schneiden.

2 Das geschnittene, silberne Teil so auf das ungeschnittene legen, dass bei beiden die Papierrückseite zu sehen ist. Nun die ZS. mit einem Prägestift übertragen. Ca. 5 mm als Klebelaschen stehen lassen, den Rest abschneiden. Die Klebelaschen zwischen je zwei Zacken parallel zum Mittelfalz der Zacken schneiden, zur Papierrückseite falten und wieder öffnen (siehe Abb.).

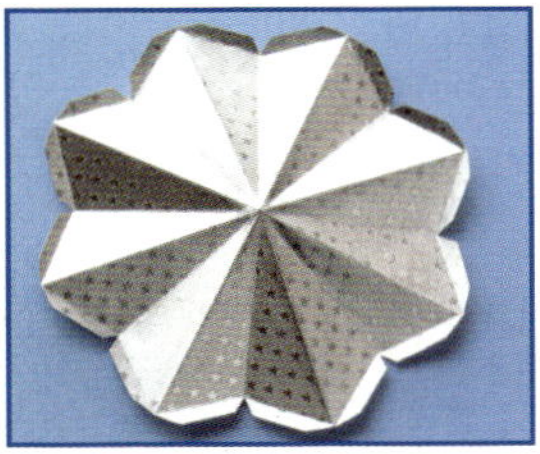

VORAUSSETZUNG
Basisanleitung 1

MATERIAL ANHÄNGER IN SILBER-LILA (PRO MODELL)

- Alu-Bastelfolie mit Sternenmuster in Silber, 15 cm x 15 cm
- Alu-Bastelfolie in Lila, 15 cm x 15 cm
- Wachsperle in Silber, ø 5 mm

ZUSCHNITT

- je 1 Kreis in Silber und Lila, ø 14 cm

VORLAGE S. 32: C

FASSETTEN-ANHÄNGER IN KUPFER-SILBER BZW. LILA-SILBER (PRO MODELL)

- Alu-Bastelfolie mit Sternenmuster in Silber, 13 cm x 26 cm
- Alu-Bastelfolie in Kupfer bzw. Lila, 13 cm x 26 cm
- 2 Wachsperlen in Silber, ø 4 mm
- Fassettenperle in Aprikot, ø 6 mm bzw. in Lila, ø 8 mm

ZUSCHNITT

- je 2 Kreise in Silber, ø 12 cm
- je 2 Kreise in Kupfer bzw. Lila, ø 11,8 cm

VORLAGE S. 32: D

WEITERFÜHRUNG

Festlicher Christbaumschmuck

TANNENBÄUMCHEN IN SILBER

- Alu-Bastelfolie mit Sternenmuster in Silber, 15 cm x 40 cm
- Wachsperle in Silber, ø 6 mm

ZUSCHNITT

- je 1 Kreis, ø 10 cm, 12 cm und 14 cm

VORAUSSETZUNG

Basisanleitung 1 + 2

STERNENRÄDER IN SILBER UND KUPFER

- Alu-Bastelfolie mit Sternenmuster in Silber bzw. Kupfer, 32 cm x 4 cm
- Alu-Bastelfolie in Silber bzw. Kupfer, 10 cm x 15 cm
- 2 Wachsperlen in Silber, ø 3 mm

ZUSCHNITT

- je 1 Rechteck aus Alu-Bastelfolie mit Sternenmuster in Silber bzw. Kupfer, 32 cm x 4 cm
- je 2 Kreise aus Alu-Bastelfolie in Silber bzw. Kupfer, ø 2 cm, 4 cm und 5 cm

3 An beiden Teilen das Muster einschneiden und auf die farbigen Teile kleben (siehe auch Seite 29).

4 Ein Stück silberfarbenen Nähfaden an einem Ende mit UHU extra versiegeln, das andere um ein Stückchen Papier knoten (zur Sicherung). Den Faden von der Rückseite des Teils ohne Klebelaschen (Oberteil) durch das Loch in der Mitte stecken und das Papier an der Rückseite festkleben.

5 Die Zacken des Oberteils an die Klebelaschen des Unterteils kleben, jede Zacke einzeln bearbeiten (siehe Abb.).

Die andere Form in Lila-Silber auf dieselbe Weise herstellen, jedoch mit einer ZS. von 1 cm.

Tannenbäumchen in Silber

1 Alle Kreise gemäß Basisanleitung 1 falten. Von der Spitze jeweils 1 mm abschneiden und wenden.

2 Ein Stück silberfarbenen Nähfaden an einem Ende verknoten, durch das Loch des kleinsten Teiles ziehen und an der Innenseite festkleben.

3 Die Innenseiten aller Teile mit UHU extra einstreichen und der Größe nach wie abgebildet übereinander kleben.

4 Die Wachsperle auf den Nähfaden ziehen und ihn zu einer Schlaufe verknoten.

Sternenräder in Silber und Kupfer

1 Für das silberfarbene Rad das Rechteck gemäß Basisanleitung 2 in 32 Falten legen. Eine halbe Falte abschneiden, Anfang und Ende des Faltenbandes aneinander kleben. Flach ausgebreitet auf einen der silbernen Kreise (ø 2 cm) kleben, die Mitte eng zusammenschieben. Den zweiten, silbernen Kreis (ø 2 cm) mittig obenauf kleben.

2 Die kupferfarbenen Kreise gemäß Basisanleitung 1 falten, von der Spitze 1 mm abschneiden, wenden und eine ZS. von 1 cm schneiden. Je einen kleinen und einen großen Stern versetzt mittig aufeinander kleben. Die zwei Doppelsterne auf beiden Seiten des silbernen Rades festkleben, die Mitte jeweils mit einer Perle verzieren.

3 Am Rand des silbernen Rades ein Loch stechen und ein Stück Nähfaden als Aufhängung befestigen. Für die kupferfarbenen Räder die Farben tauschen.

Tischdeko

→ sehr dezent

VORAUS-SETZUNG
Basisanleitung 1

MATERIAL
- Tonpapier in Dunkelblau, 15 cm x 22 cm
- Alu-Bastelfolie in Silber, 15 cm x 15 cm
- Alu-Bastelfolie mit Sternenmuster in Silber, 15 cm x 22 cm
- 3 Strass-Steine in Transparent, ø 5 mm

ZUSCHNITT
- je 1 Kreis in Dunkelblau, ø 6 cm, 8 cm und 10 cm
- Kreise in Silber, 1 x ø 6 cm und 2 x ø 8 cm
- Kreis aus Alu-Bastelfolie mit Sternenmuster in Silber, ø 6 cm
- 2 Kreise aus Alu-Bastelfolie mit Sternenmuster in Silber, ø 10 cm
- 3 Kreise aus Tonpapier, ø 4 cm

1 Die Kreise mit ø 6 cm, 8 cm und 10 cm gemäß Basisanleitung 1 falten. Von der Spitze jeweils 1 mm abschneiden, wenden und wie folgt die ZS. schneiden: bei den kleinen Teilen 1,2 cm, bei den mittleren 1,4 cm und bei den großen 1,6 cm.

2 Jeweils drei verschieden große Sterne aus den unterschiedlichen Papieren der Größe nach aufeinander kleben. Den nun entstandenen Stern auf einen kleinen Tonpapier-Kreis (ø 4 cm) kleben. Die Mitte rund um das kleine Loch so eng zusammenschieben, dass das Loch nicht mehr sichtbar ist. In die Mitte jeweils einen Strass-Stein kleben.

Tipp: Arbeiten Sie die Sterne in verschiedenen Papier- und Farbkombinationen. Mit den drei unterschiedlichen Papieren können Sie sechs verschiedene Streusterne falten! Eine dezente, aber sehr stilvolle Dekoration für Ihre Weihnachtstafel!

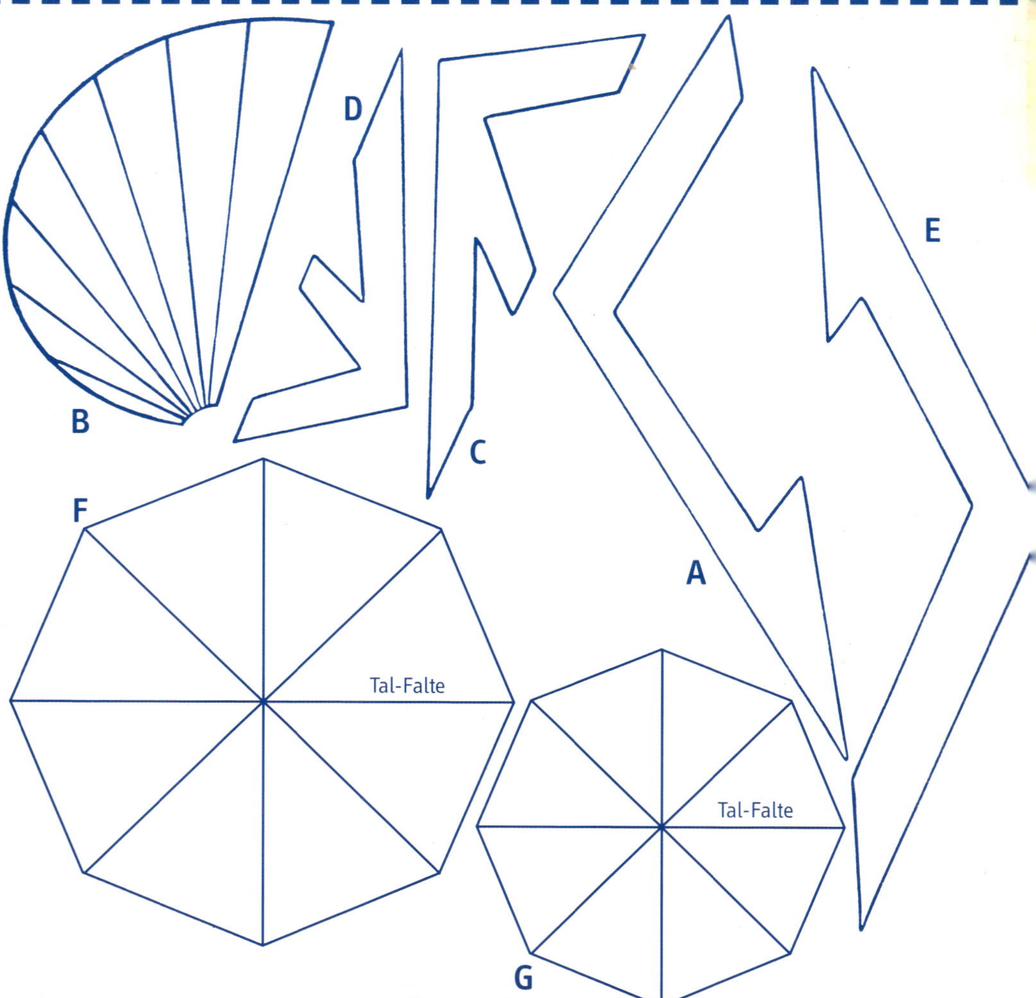

Wir danken der Firma Marpa Jansen GmbH & Co. KG, Mönchengladbach und der Firma Ludwig Bähr GmbH & Co. KG, Kassel, für die Bereitstellung der Papiere.

IMPRESSUM

FOTOS: frechverlag GmbH, 70499 Stuttgart; Fotostudio Ullrich & Co., Renningen
DRUCK: frechdruck GmbH, 70499 Stuttgart

Materialangaben und Arbeitshinweise in diesem Buch wurden von der Autorin und den Mitarbeitern des Verlags sorgfältig geprüft. Eine Garantie wird jedoch nicht übernommen. Autorin und Verlag können für eventuell auftretende Fehler oder Schäden nicht haftbar gemacht werden. Das Werk und die darin gezeigten Modelle sind urheberrechtlich geschützt. Die Vervielfältigung und Verbreitung ist, außer für private, nicht kommerzielle Zwecke, untersagt und wird zivil- und strafrechtlich verfolgt. Dies gilt insbesondere für eine Verbreitung des Werkes durch Fotokopien, Film, Funk und Fernsehen, elektronische Medien und Internet sowie für eine gewerbliche Nutzung der gezeigten Modelle. Bei Verwendung im Unterricht und in Kursen ist auf dieses Buch hinzuweisen.

Auflage:	5.	4.	3.	2.	1.	
Jahr:	2009	2008	2007	2006	2005	[Letzte Zahlen maßgebend]

© 2005 frechverlag GmbH, 70499 Stuttgart

ISBN 3-7724-3410-X
Best.-Nr. 3410